BEI GRIN MACHT SICH IHR WISSEN BEZAHLT

AF144678

- Wir veröffentlichen Ihre Hausarbeit, Bachelor- und Masterarbeit

- Ihr eigenes eBook und Buch - weltweit in allen wichtigen Shops

- Verdienen Sie an jedem Verkauf

Jetzt bei www.GRIN.com hochladen und kostenlos publizieren

Strukturelle Benachteiligung von Frauen in der Arbeitswelt

Bibliografische Information der Deutschen Nationalbibliothek:

Die Deutsche Nationalbibliothek verzeichnet diese Publikation in der Deutschen Nationalbibliografie; detaillierte bibliografische Daten sind im Internet über http://dnb.d-nb.de abrufbar.

ISBN: 9783389034095
Dieses Buch ist auch als E-Book erhältlich.

© GRIN Publishing GmbH
Trappentreustraße 1
80339 München

Druck und Bindung: Books on Demand GmbH, Norderstedt Germany
Gedruckt auf säurefreiem Papier aus verantwortungsvollen Quellen

Das vorliegende Werk wurde sorgfältig erarbeitet. Dennoch übernehmen Autoren und Verlag für die Richtigkeit von Angaben, Hinweisen, Links und Ratschlägen sowie eventuelle Druckfehler keine Haftung.

Das Buch bei GRIN: https://www.grin.com/document/1472177

Hausarbeit zum Thema:

„Unterliegen Frauen einer strukturellen Benachteiligung? – im Hinblick auf die Arbeitswelt"

Inhalt

„Der Tag muss kommen, an dem es keine Überraschung mehr ist, wenn eine Frau in einer gehobenen Stelle arbeitet." (Rice Condoleezza 2019)

1. Einleitung

Werden Frauen für ihre Erwerbstätigkeiten anerkannt und auch dementsprechend entlohnt? Im Hinblick auf die Arbeitswelt spielt diese Frage eine besondere Rolle, denn genau in diesem Bereich gibt es klare Disparitäten zwischen den Geschlechtern bezüglich des Lohnes und der Positionen. Die folgende Hausarbeit thematisiert die strukturelle Benachteiligung der Frauen. Dabei wird insbesondere die Arbeitswelt berücksichtigt und Fokus auf die Ursachen und die damit verbundenen Folgen gesetzt. Unter einer strukturellen Benachteiligung versteht man eine indirekte Diskriminierung, welche die Ursache „von traditionellen Normen, gesetzlichen oder administrativen Regelungen oder von Praktiken und Routinen in Organisationen und sozialen Institutionen sein [kann]." (Liebscher, Fritzsche 2010, S.35) Aus diesem Grund werden bestimmte Gruppen bevorzugt und andere dadurch vernachlässigt. Ich habe mich dafür entschieden, mich mit dieser Thematik auseinanderzusetzen, weil ich nach meinem Studium selbst als eine Frau an einer Arbeitsstelle tätig sein werde. Diesbezüglich interessiert mich das Thema umso mehr, da alle Frauen und ich miteinbezogen davon betroffen sind und da ich einen großen Wert auf die Gleichberechtigung lege. Das Ziel der vorliegenden Hausarbeit ist es, die Benachteiligung der Frauen im Arbeitswelt zu verdeutlichen. Dieses Ziel wird erreicht, indem zunächst die Entwicklung der Frauenerwerbstätigkeit im Fokus steht. Dafür wird auf die Bundesrepublik Deutschland eingegangen, indem die Erwerbsfähigkeit im 20. Jahrhundert mit dem 21. Jahrhundert verglichen und somit die Erwerbsentwicklung dargestellt wird. Des Weiteren wird die Arbeitswelt tiefer aufgegriffen. Dazu werden die Führungsposition und der Gender Pay Gap behandelt. Nachfolgend wird die zunehmende Bedeutung der Teilzeitbeschäftigungen vorgestellt. Anschließend folgt die Aufstiegsdiskriminierung, womit die zu überwältigenden Hindernisse für einen Aufstieg dargestellt werden. Im Übrigen wird die Frage, weshalb die Frauen davon betroffen sind, durch die Ursachen und Gründe der strukturellen Benachteiligung und durch die Segregation beantwortet. Nachfolgend werden paar Möglichkeiten vorgestellt, die für die Beseitigung einer strukturellen Benachteiligungen hilfreich sein könnten. Abschließend endet die Hausarbeit mit einem Fazit.

2. Erwerbsentwicklung der Frauen in der Bundesrepublik Deutschland

2.1 Das 20. Jahrhundert

Anfang des 20. Jahrhunderts gilt das typische bürgerliche Familienmodell der Hausfrauenehen. Es gilt die Idealvorstellung, dass Männer die Ernährer-Rolle und die Frauen die Hausfrauenrolle übernehmen. (Florianschütz Eva Maria 2011, S.53) Damit tragen die Frauen die Verantwortung der Familien und müssen sich um den Haushalt, die Kinder und um ihre Ehemänner kümmern. Aus diesen Gründen dürfen sie nicht arbeiten. (Vgl. Prof. Dr. Michael Schneider, Kalenborn 2014) Außerdem werden nicht erwerbstätige Frauen von sich selbst und von der Gesellschaft mit Vorrechten und wohlergehend angesehen. Jedoch gibt es Ausnahmen, wann Frauen arbeiten dürfen, und zwar in Fällen wie zum Beispiel Kriegswirtschaft werden sie in die Fabriken gerufen. (Vgl. Michael Opielka 2002) Im Nachhinein wird im 20. Jahrhundert die Teilzeitbeschäftigung eingeführt, damit Frauen gleichzeitig als Hausfrauen ein geringes Einkommen erzielen können. (Vgl. ebd.) Zu den typisch weiblichen Sektoren zählen „Textil- und Bekleidungsindustrie" (Klemm Solveig, Martin Claudia 2011, S.31) und später wird der weibliche Sektor durch die Metall- und der Lebensmittelindustrie erweitert. Vermehrt liegen die Frauenberufe in dem Dienstleistungssektor, jedoch besetzen sie ausschließlich nichtqualifizierte Arbeitsplätze. (Vgl. ebd.) Aufgrund der „Demokratisierung und Liberalisierung der westdeutschen Gesellschaft vor allem nach 1968 und der Entstehung einer neuen Frauenbewegung sahen die Frauen in der Erwerbsarbeit die Möglichkeit ihrer Emanzipation." (Michael Opielka 2002) Durch die „starke Expansion des Bildungswesens zu Beginn der 70er Jahre" (Michael Opielka 2002) verstärkt sich die Emanzipation der Frauen und somit auch ihr Durchsetzungsvermögen. Daraus resultiert das Selbstbewusstsein und ein selbstsicherer Konkurrenzkampf mit männlichen Erwerbstätigen auf dem Arbeitsmarkt. (Vgl. ebd.) Gleichzeitig wächst die Industrie durch den Wiederaufbau und stellt somit vermehrt Frauen ein, welche in unterschiedlichen Bereichen platziert werden. (Vgl. Klemm Solveig, Martin Claudia 2011, S.31) Anschließend kriegt die Erwerbstätigkeit in den 80er und 90er Jahren von der „Tochtergeneration" (Michael Opielka 2002) eine zunehmende Bedeutung. Sie werden frühzeitig in die Schulen geschickt mit der Hoffnung im Laufe des Lebens einen Arbeitsplatz im Dienstleistungssektor zu bekommen. (Vgl. Klemm Solveig, Martin Claudia 2011, S.31) Ein wichtiger Wendepunkt im 20. Jahrhundert liegt in den 70er Jahren, da in diesen „die Individuen nach ihrer Stellung in der beruflichen

Hierarchie klassifiziert" (Michael Opielka 2002.) und somit die nicht-Erwerbstätigen als arbeitslose abgestempelt werden. Daran anschließend trägt ebenso der Wertewandel eine entscheidende Rolle, denn die Eheschließungen kriegen einen geringeren Wert, die Wohlstanderwartungen und der Konsumverbrauch wird höher angesetzt und durch die Bildungsexpansion können Frauen qualifizierte Arbeitsplätze erlangen. (Vgl. ebd.) Zusammenfassend lässt sich sagen, dass die Erkenntnis, dass Frauen ebenso das Recht wie Männer zur Erwerbstätigkeit haben, hat sich durchgesetzt. Gleichzeitig haben sie im 20. Jahrhundert durch die Emanzipation einen großen Fortschritt gewährleisten können.

2.2 Das 21. Jahrhundert

Im 21. Jahrhundert sind viel mehr Frauen erwerbstätig als je zuvor. Durch die Individualisierung der Gesellschaft haben Frauen mehr Freizeit für ihre persönlichen und beruflichen Vorhaben und Interessen. Die Individualisierung hat zu einer geänderten Wertvorstellung bezüglich der Ehe und Verantwortungen im Haushalt beigetragen. Dies bedeutet es gibt viel geringere Verehelichungen, dennoch viele Alleinstehende oder bloße Beziehungen ohne Eheschließungen und damit ohne typische Rollenzuweisungen im Haushalt. Diesbezüglich handelt es sich hierbei um die Eigenverantwortung. Aus diesem Grund müssen sie selbst arbeiten und um ihre Zukunft und Unabhängigkeit sorgen, um nicht an andere angewiesen zu sein. Außerdem sind die Frauen zu der Erkenntnis gelangt, dass die Erwerbstätigkeit eine große Bedeutung für die „eigenständige Lebens- und Alterssicherung" (Clemens Wolfgang 2013, S.15) trägt. Eine Frau mit Kinder findet Wege um ihren Beruf und die Familie miteinander zu verbinden. Außerdem kriegt sie nicht mehr die Rolle der „Dazuverdienerin" (ebd.), sondern sorgt mit ihrer Erwerbstätigkeit für die Teilung der Familienarbeit mit dem Partner. Die Frauen „[planen] ihr Leben, [verwirklichen] ihre eigenen Fähigkeiten [und stehen] auf eigenen Füßen. Sie sind verantwortlich für ihr Glück und Rente." (Schoenen Judith 2007) Außerdem können sie nun in qualifizierten Arbeitsplätzen tätig sein, sowie in männlich-dominierten Berufen und Branchen und auch in Vollzeittätigkeiten. Zusammenfassend lässt sich sagen, dass die Frauenerwerbstätigkeit hat viel an Bedeutung dazu gewonnen, sei es aus der Sicht der Frau oder aus der Sicht der Gesellschaft. Heutzutage geht es um die Gestaltung des eigenen Lebens und um die ökonomische Sicherheit ihrer Zukunft. Diesbezüglich ist die eigene Persönlichkeit und Leistung die Orientierung einer Frau geworden. Gleichzeitig sind Frauen hinsichtlich der Karriere viel selbstbewusster, autonomer und ehrgeiziger geworden. (Vgl. Schoenen Judith 2007

Anm. der Red.: Diese Abb. wurde aus urheberrechtlichen Gründen entfernt.

Abbildung 1: Erwerbstätigenquoten von 1960 bis 2009
Quelle: Bundeszentrale für politische Bildung (bpb) 2010

3. Arbeitswelt

3.1 Führungsposition und der Gender Pay Gap

In Deutschland sind die Arbeitsmarktchancen nicht gerecht verteilt. Denn die Frauen „verdienen in Deutschland im Schnitt 22 Prozent weniger als die Männer. (Hipp Lena 2016) Genau damit befasst sich der Gender Pay Gap, er beinhaltet die Differenz „des Bruttostundenverdienstes der Männer und Frauen (ohne Sonderzahlungen)“ (Bernhard Schäfer 2016, S.163-170). Die typischen Frauenberufe weisen ein geringeres Einkommen auf, als die „typischen Männerberufe“ (Katharina Wrohlich 2017). Die Differenz ist je nach Beruf immer unterschiedlich. Andererseits gibt es auch Fälle in denen Frauen und Männer in „vergleichbaren Positionen arbeiten und [trotzdem] weniger Lohn für dieselbe Arbeit erhalten, als ihre männlichen Kollegen“ (Weizemann Tanja 2011, S.3). Der Gender Pay Gap weist mehrere Gründe auf. Zum einen hängt der Gehaltsunterschied von der Länge der zuvor absolvierten Bildung ab wie zum Beispiel „Ausbildungs- und Berufserfahrungszeiten“ (Bernhard Schäfers 2016). Andererseits sind Überstunden bei den Frauen untypisch, während es bei den Männern öfter vorkommt und aus diesem Grund werden die Männer höher entlohnt. (Vgl. ebd.) Außerdem sind Frauenberufe „auf dem Arbeitsmarkt abgewertet“. (Bernhard Schäfers 2016) Gleichzeitig dominieren die Männerberufe den Arbeitsmarkt. Ein weiterer Grund dafür ist, dass die Männer und Frauen sich für unterschiedliche Berufsfelder entscheiden, was wiederum zu unterschiedlichen Verdiensten führt. (Vgl. Florian Burg 2018) Die Lohndifferenz entsteht auch durch die „unterschiedliche Verteilung von Frauen und Männer auf Branchen, Berufe [und] Betriebe.“ (Scherr Albert, Hormel Ulrike 2010, S.144) In den meisten Fällen übernehmen Männer die Führungspositionen, wobei sie zu 97 Prozent die

Vorstandsetagen besetzen. (Vgl. Hipp Lena 2016) Bei einer Führungsposition handelt es sich um „Führung von Personen […], die verpflichtet sind, den Weisungen folge zu leisten." (Neubrand, Angelika 2009, S.2) „Frauen sind in den Chefetagen der deutschen Wirtschaft noch immer deutlich unterrepräsentiert" (Hipp Lena 2016) und die Frauen, welche „in höheren Stellen arbeiten, gelten als Ausnahmefrauen" (Weizemann Tanja 2011, S.2). Im Jahr 2012 beträgt der Anteil von Frauen als Führungskräfte 37 Prozent, dies bedeutet der Anteil der weiblichen Führungskräfte ist in den letzten zehn Jahren um 8 Prozent gestiegen. (Vgl. Müller Ursula 2014) Der Grund dafür ist, die Männer und Frauen unterscheiden sich in ihren Fähigkeiten. Ein wichtiger Punkt dabei ist, die Frauen interessieren sich meistens nicht für Politik, Wirtschaft, Forschung und Technik. Jedoch sind diese Themen hoch relevant zum Beispiel „um einen Platz an der Spitze eines Unternehmens einzunehmen." (Wichmann Theresa 2014, S.9) Außerdem müssen die Frauen zum Beispiel in einer Schwangerschaft ihre Berufstätigkeit unterbrechen und haben dadurch kürzere und weniger Berufserfahrung und sind deshalb „nicht so oft in Führungspositionen vertreten". (Kroneck Ulrike 2007) Ein wichtiger Punkt ist zu erwähnen, dass die Frauen selbst auch an ihrer untergestellten Position verantwortlich sein können. Eine Führungsposition verbinden die Frauen häufig mit viel Verantwortung, die sie nicht tragen wollen oder aufgrund von vorhandenen familiären Verantwortungen nicht zusätzlich tragen können. Diesbezüglich streben sie nicht um eine höhere Position und verhindern selbst ihren Aufstieg. Außerdem können für einen Aufstieg, das Gefühl der betriebsspezifischen Zusammengehörigkeit, geschlechtlich ausgeglichene Betriebe, frauendominierte Branche sowie einen Hochschulabschluss behilflich sein. (Vgl. Müller, Ulrike 2014) Zusammenfassend kann gesagt werden, dass die Arbeitsmarktchancen ungleich verteilt sind. Außerdem variiert es stark zwischen den Bevölkerungsgruppen die „Wahrscheinlichkeit, einen Job zu finden, in eine Führungsposition aufzusteigen und viel Geld zu verdienen." (Hipp Lena 2016)

3.2 Zunehmende Bedeutung von Teilzeitbeschäftigungen

Eine Teilzeitbeschäftigung ermöglicht den Frauen ihren Beruf und ihre Familie miteinander zu verbinden, denn hierbei handelt es sich um eine reduzierte Arbeitszeit. Jedoch ist dabei der Verdienst geringer als in Vollzeitbeschäftigungen, die Teilnahme an der Altersvorsorge findet nicht statt, es gibt nur eingeschränkte Karrieremöglichkeiten und die Wahrscheinlichkeit der Abhängigkeit vom Einkommen des Partners steigt. Den größten Anteil der Teilzeitbeschäftigungen nehmen die Frauen ein. Viele der

Teilzeitbeschäftigten entscheiden sich auch für die Teilzeitbeschäftigung, da sie keine andere Arbeitsstelle finden oder nicht angenommen wurden. Ein weiterer Grund ist die Familie, denn durch die flexible Arbeitszeit hat die ‚Hausfrau' die Möglichkeit neben der Arbeit sich um ihre Familie und den Haushalt zu kümmern und somit ihre familiären Verpflichtungen zu erfüllen. (Vgl. Crößmann Anja, Günther Lisa 2018; Tiedemann Birte 2014) Die Teilzeitbeschäftigung ermöglicht einer Frau, trotz geringer Entlohnung, mit ihrem Verdienst den Haushalt zu entlasten oder auch ihre eigenen Wünsche zu erfüllen. (Vgl. Schoenen Judith 2007)

Anm. der Red.: Diese Abb. wurde aus urheberrechtlichen Gründen entfernt.

Abbildung 2: Teilzeitbeschäftigung als Prozentsatz der gesamten Beschäftigung
Quelle: Tiedemann Birte 2014

3.3 Aufstiegsdiskriminierung

Auch eine Weiterbildung kann zur Überforderungen führen, denn auch hier gibt es in den meisten Fällen Hemmnisse, welche die Frauen zunächst überwinden müssen. Sie werden bei gleicher Qualifikation mit ihren männlichen Kollegen „langsamer und seltener als ihre Kollegen befördert [...], [erhalten] folglich seltener Gehaltserhöhungen [...] und [nehmen] weniger an betrieblicher Weiterbildung teil."(Schmelzer Petra 2001, S.12) Außerdem wird die Weiterbildung der Frauen vorne herein verhindert, in dem sie „Positionen mit eingeschränkten Entwicklungsmöglichkeiten besetzen"(ebd.) und damit wird ihnen ein „schlechte[r] Zugang zu Weiterbildungsmöglichkeiten"(Halwachs Inga 2010, S.28) gewährleistet. Die Frauen werden mit zunehmender Zeit „besser ausgebildeter"(Jungwirth Carola 1998, S.1), engagieren sich immer mehr für ihren Beruf und zeigen mehr Bereitschaft und Interesse als zuvor. (vgl. ebd.) Trotz dieser Fortschritte und das große Interesse fehlt die Bereitschaft von Betrieben und Unternehmen, um Frauen „auf chancenreiche Positionen einzustellen"(Jungwirth Carola 1988, S.1) oder ihnen die Möglichkeit zur Weiterbildung zu garantieren und sie dabei zu unterstützen. Dies bedeutet die Förderungen finden in den meisten Fällen nur in typischen Frauenberufen statt und in anderen Berufen stellt die Weiterbildung weiterhin eine große Herausforderung für die Frauen dar. (vgl. ebd.)

4. Weshalb sind die Frauen betroffen?

4.1 Ursachen und Gründe für die strukturelle Benachteiligungen

Es gibt viele Gründe und Ursachen, weshalb die Frauen einer strukturellen Benachteiligung unterliegen. Jedoch fragt man sich, ob die Gründe und Ursachen nachvollziehbar sind und ob die Frauen selbst gewollt für diese verantwortlich sind? Zu den häufigsten Ursachen zählt die Gebärfähigkeit, denn dies bedeutet für die Arbeitsstelle in so einem Fall, Verlust einer Mitarbeiterin für einen gewissen Zeitraum und gleichzeitig wird die Mitarbeiterin trotz des Fehlens weiterhin entlohnt. (Vgl. Schmelzer Petra) Das Mutterschutzgesetz versichert der werdenden Mutter die Entlohnung und auch die Arbeitsstelle, da die Mitarbeiterin damit vor einer Kündigung seitens des Arbeitgebers beschützt wird. (Vgl. Jungwirth Carola 1998, S.128) Dies kann für ein kleines Unternehmen eine Herausforderung darstellen vor allem, wenn es sich um eine Person handelt, die eine qualifizierte Arbeitsposition besitzt und aus diesem Grund schwer zu ersetzen ist. Außerdem werden Frauen „in ihrem beruflichen Streben oft nicht ernst genommen." (Schmelzer Petra 2001, S.12) Dies führt zur Vorurteilen und Herabstufung der Frauen. Ein weiterer Grund ist, die Frauen trauen sich häufig nicht an die Berufe heran, die von Männer dominiert sind. Jedoch sind es meistens die Berufe, die auch ein hohes Einkommen mit sich bringen lassen wie zum Beispiel Jura. (Vgl. Wichmann Theresa 2014, S.9) Diesbezüglich resultiert daraus Gehaltsunterschiede innerhalb der Geschlechter. Außerdem werden die Frauen sehr oft mit Emotionalität verbunden. Sie „verhalten sich unterordnend und abhängig. Sie reagieren emotional und empfindlich. Sie handeln intuitiv und fürsorglich." (Wichmann Theresa 2014, S.13) Allerdings sind Emotionen für die Themen, die häufig in höheren Positionen eine große Rolle Spielen wie zum Beispiel Wirtschaft und Forschung, irrelevant. Die Frauen müssen sich auch durch ihren weiblichen Charaktereigenschaften häufig anhören, dass sie „angeblich nicht geeignet sind für die männerdominierte Führungswelt". (Klemm Solveig, Martin Claudia 2011, S.47) Dadurch resultiert der Verlust an Selbstvertrauen in die eigenen Fähigkeiten.

Gleichzeitig spielt die Rollenzuweisung, welche durch die Gesellschaft entsteht, auch eine entscheidende Rolle. Dabei werden die Grenzen und Möglichkeiten einer Frau von vorneherein festgelegt, somit haben sie nicht ansatzweise die Chance, diese zu überschreiten. (Vgl. Klemm Solveig, Martin Claudia 2011, S.47) Außerdem haben die meisten Frauen eine doppelte Verantwortung beziehungsweise Belastung und zwar die Familie und die Karriere, diese können im Falle eines Problems aufeinander wirken und sich gegenseitig beeinflussen, sei es die Konzentration oder die Bereitschaft. Dadurch kann dies negativ auf den beruflichen Laufbahn wirken und die Arbeit erschweren. (Vgl. Scherr Albert, Hormel Ulrike 2010, S. 144)

4.2 Segregation des Arbeitsmarktes

Was ist eine Statushierarchie und wie funktioniert sie? Eine Statushierarchie ist eine Ordnung, womit die Disparitäten verschiedener Positionen in einer Gesellschaft dargestellt werden. Die Theorie der Erwartungszustände befasst sich mit den Fragen, „warum und auf welche Weise sich Statushierarchien in Gruppen bilden" (Bernhard Schäfers 2016, S.163-170). Zunächst werden die Gruppenmitglieder unbewusst verglichen und somit entstehen die Statusdifferenzierungen. Das Ziel in dem Vergleich ist es, wer die Gruppenaufgabe am besten erfüllt. Durch die „allgemein geteilter kultureller Annahmen (Kompetenzerwartungen)" (ebd.) entsteht eine persönliche Auflistung, wer am meisten zum Erfüllen des Zieles beigetragen hat. Die Auflistung mithilfe von Kompetenzerwartungen führt zur Entstehung von Statushierarchien in einer Gruppe. Die Segregation hängt eng mit „den gesellschaftlichen Werten und Normen, sowie mit den Rollenerwartungen an die Geschlechter und den damit verbundenen Stereotypen" (Florianschütz Eva Maria 2011, S.50) ab. Aus diesem Grund erfolgt die Segregation des Arbeitsmarktes anhand von kulturellen Überzeugungen und Normen. Die Stereotypisierung und Rollenerwartungen führen zu einer automatischen Zuordnung der Personen in bestimmten Gruppen. (Vgl. ebd.) Daran anschließend dient auch das Geschlecht als ein wichtiges Unterscheidungsmerkmal in der Gesellschaft, woraus die Geschlechtertrennung auf dem Arbeitsmarkt resultiert. (Vgl. Müller Ursula 2014, S. 80) Die Geschlechtertrennung auf dem Arbeitsmarkt beeinflusst nicht nur die Tätigkeit, sondern auch die Position, das Einkommen, den Arbeitsort, den Arbeitgeber und die Betroffenen bei der Berufsentscheidung. (Vgl. Schröder Helmut, Vetter Christian 2008)

5. Wie kann eine strukturelle Benachteiligung beseitigt werden?

Immer wieder kommt es zu Konfrontationen zwischen den Frauen und struktureller Benachteiligungen in der Arbeitswelt. Um diese zu vermeiden und eine Gleichberechtigung herstellen zu können, müssen Maßnahmen getroffen werden. Sie benötigen eine Verbindung zwischen dem Beruf und der Familie, damit sie neben der Karriere ihre familiäre Verantwortung erfüllen können. Dies kann durch „ausreichend qualifizierte Betreuungsmöglichkeiten für Kinder und eine weitreichende Flexibilisierung der Arbeitszeit und des Arbeitsortes" (Neubrand Angelika 2009, S.12) ermöglicht werden. Das Schulsystem spielt dabei auch eine besondere Rolle, denn dadurch werden die „Ungleichheiten und Benachteiligungen, [die zwischen den Geschlechtern auftreten], vorne herein" (Hipp Lena 2016) den Kindern beigebracht. Daraus resultiert die Toleranz und somit wird die Weiterverbreitung von Diskriminierung zum größtenteils verhindert, sodass die Frauen in ihrem späteren Berufsleben möglicherweise geringer mit Benachteiligung konfrontiert werden. Eine strukturelle Benachteiligung kann auch verhindert werden, in dem zum Beispiel der Arbeitgeber die Verträge so gestaltet, dass keine Ungleichheiten zum Vorschein gebracht werden. Außerdem hat die Gesellschaft selbst auch die Möglichkeit an der Benachteiligung etwas zu ändern. Alle können etwas daran ändern, in dem sie auf ihren Sprachgebrauch achten, offen für die Wünsche, Bedürfnisse und Schwierigkeiten des Anderen sind und ihnen selbst bewusst werden, dass Diskriminierung auch unbewusst geschehen kann. Aus diesem Grund ist es zu empfehlen, dass alle ihre Sprache und Handlungen sensibler und bewusster gestalten. (Vgl. ebd.)

6. Resümee

Mit dieser Hausarbeit sollte die strukturelle Benachteiligung der Frauen im Hinblick auf dem Arbeitsmarkt vorgestellt werden. Um dieses Ziel zu erreichen wurde die Frauenerwerbstätigkeit auf Entwicklung und auf Führungspositionen überprüft. Mit der Zeit hat die Frauenerwerbstätigkeit immer mehr an Arbeiter und an Unterstützer dazu gewonnen. Jedoch werden sie dennoch häufig in runtergestuften Arbeitspositionen eingestellt und somit wird ihre Weiterbildung verhindert. Die Frauenerwerbstätigkeit ist heute sehr fortgeschritten als je zuvor. Der Grund dafür ist die Frau selbst und auch die Gesellschaft. Die Frauen wurden selbstständiger, teilten ihre Hausarbeit und Verantwortung mit ihrem Partner, erzielten Erfolge, kümmerten und planten ihre Zukunft und gewannen viel an Freizeit und damit auch an Bedeutung von Vollzeittätigkeiten. Damit erzielten sie bessere Chancen auf dem Arbeitsmarkt und konnten nahezu mit männlichen Arbeitern konkurrieren. Gleichzeitig änderten sich die Wertevorstellungen und die Rollenerwartungen der Gesellschaft und diese brachten neue Ansichten und Meinungen zur Frauenerwerbstätigkeit mit sich. Daraus resultierten ebenso neue Chancen und damit neue offene Türen für die Frauen auf dem Arbeitsmarkt. Das Zitat, womit die Hausarbeit anfängt, ist aus einer Rede von einer US-amerikanischen Politikerin Condoleezza Rice aus dem 21. Jahrhundert. Ich habe die Hausarbeit mit ihrem Zitat angefangen, da in ihm bereits die Antwort zu der Frage steckt, womit sich die vorliegende Hausarbeit beschäftigt. Durch die spezifische Betrachtung der Führungspositionen und der Entwicklung von Frauenerwerbstätigkeit auf dem Arbeitsmarkt komme ich zu dem Entschluss, dass eine strukturelle Diskriminierung auch heute stattfindet. Wichtig ist der Perspektivenwechsel und die Empathie, um eine strukturelle Benachteiligung zu verhindern. Diese sollen für die Regelaufstellung behilflich sein und als eine Orientierung dienen. Gesellschaftliche Erwartungen, Stereotypisierungen, Rollenerwartungen und Vorurteile stellen häufig Hindernisse für die Frauenerwerbstätigkeit dar. Denn diese können den Aufstieg, die Einnahmen, die Positionen und gleichzeitig auch die Zukunft einer Frau beeinflussen. Außerdem spielt auch die Atmosphäre in einem Unternehmen für die Frau eine entscheidende Rolle, denn dadurch kann das Selbstbewusstsein einer Frau entweder verringert oder durch das Gefühl der Zusammengehörigkeit und Gleichberechtigung erhöht werden. Dies kann entweder positiv auf ihrem beruflichen Werdegang auswirken oder Unlust und weitere Probleme verursachen. Die vorliegende Hausarbeit beschäftigt sich ausschließlich mit der Frauenerwerbstätigkeit. Aus diesem Grund kann eine Auseinandersetzung mit der Männererwerbstätigkeit sinnvoll sein, um diese beiden miteinander vergleichen zu können.

7. Literaturverzeichnis

Busch, Anne (2013). *Der Einfluss der beruflichen Geschlechtersegregation auf den "Gender Pay Gap".* In KZfSS/Heft 65, 301-338.

Clemens, Wolfgang (2013). *Frauen zwischen Arbiet und Rente. Lebenslagen in später Erwerbstätigkeit und frühem Ruhestand.* Berlin: Springer.

Crößmann, Anja/Günther, Lisa (2018). *Teilzeitbeschäftigung.* Online: URL: https://www.bpb.de/nachschlagen/datenreport-2018/arbeitsmarkt-und-verdienste/278099/teilzeitbeschaeftigung [Datum der Recherche: 26.03.2020]

Halwachs, Inga (2010). *Frauenerwerbstätigkeit in Geschlechterregimen: Großbritannien, Frankreich und Schweden im Vergleich.* Wiesbaden: VS Verlag.

Hipp, Lena (2016). *Ungleichheiten und Diskriminierung auf dem Arbeitsmarkt.* Online: URL:http://www.bpb.de/apuz/221588/ungleichheiten-und-diskriminierung-auf-dem-arbeitsmarkt?p=all [Datum der Recherche: 30.03.2020]

Jungwirth, Carola (1998). *Berufliche Ein- und Aufstiegschancen von Frauen. Förderwirkung und Barrieren durch MuSchG und BErzGG.* Wiesbaden: Springer.

Kroneck, Ulrike (1998): *Frauenrollen: Zur Situation der Frau heute.* Norderstedt: mvg Verlag

Liebscher, Doris/Fritzsche, Heike/Pates, Rebecca/Schmidt, Daniel/Karawanskij, Susanne (Hrsg.) (2010). *Antidiskriminierungspädaagogik.Konzepte und Methoden für die Bidungsarbeit mit Jugendlichen.* Wiesbaden: VS Verlag.

Martin, Claudia/Klemm, Solveig (1999). *Frauen in Führungsposition: Ein interkultureller Vergleich Deutschland - USA.* Hamburg: Diplomica Verlag.

Müller, Ursula (2014). *Frauen in Führungspositionen der Sozialwirtschaft. Eine Untersuchung zu förderlichen Maßnahmen und entscheidenden Faktoren im Berufsverlauf für den Aufstieg in Spitzenpositionen.* München: Rainer Hampp.

Neubrand, Angelika (2009). *Vergleich von Frauen in Führungspositionen zwischen Deutschland und Frankreich.* Hamburg: Diplomica Verlag.

Opielka, Michael (2002). *Umbau des Sozialstaats. Familie und Berufe - Eine deutsche Geschichte.* Online: URL: http://m.bpb.de/apuz/26890/familie-und-beurf-eine-deutsche-geschichte?p=all [Datum der Recherche: 22.12.2019]

Porf. Dr. Michael Schneider, Kalenborn (2014). *Frauen-Erwerbstätigkeit - der lange Weg zur Anerkennung.* Online: URL: http://www.gewerkschaftsgeschichte.de/frauen-erwerbstaetigkeit.html [Datum der Recherche: 22.12.2019]

Schäfers, Bernhard (2016). *Wandel des Geschlechterverhältnisses. Veränderung der Sozialstruktur.* Wiesbaden: Springer VS.

Schmelzer, Petra (2001). *Frauen in Führungspositionen. Hemmnisse und Perspektiven.* Hamburg: Diplomica Verlag.

Schoenen, Judith (2007). *Das Image der Frau. Wege zu einem neuen Selbstbild.* Opladen: Verlag Barbara Budrich.

Tiedemann, Birte (2014). *Teilzeitbeschäftigung.* Online: URL: http://www.bpb.de/politik/innenpolitik/arbeitsmarktpolitik/187795/teilzeitbescha eftigung [Datum der Recherche: 20.03.2020]

Ulrike, Hormel/Scherr, Albert (Hrsg.) (2010). *Diskriminierung. Grundlagen und Froschungsergebnisse.* Wiesbaden: VS Verlag.

Vetter, Christian/Schröder, Helmut/Badura, Bernhard (Hrsg.) (2008). *Fehlzeiten-Report 2008. Betriebliches Gesundheitsmanagement: Kosten und Nutzen.* Berlin: Springer.

Weizemann, Tanja (2011). *Frauen in Führungspositionen. Beschreibung der Schwierigkeit von Frauen in Führungspositionen in Bezug auf die Vorurteile und die Geschlechterhierarchien.* Stuttgart: GRIN Verlag.

Wichmann, Theresa (2014). *Vourteile, Rollenbilder, Frauenquote. Frauen in Fühurngspositionen.* Hamburg: Diplomica Verlag.

BEI GRIN MACHT SICH IHR WISSEN BEZAHLT

- Wir veröffentlichen Ihre Hausarbeit,
  Bachelor- und Masterarbeit

- Ihr eigenes eBook und Buch -
  weltweit in allen wichtigen Shops

- Verdienen Sie an jedem Verkauf

Jetzt bei www.GRIN.com hochladen und kostenlos publizieren